BARTHÈS ET BARTHELEMY.

On a saisi sur l'émigré *Barthès* (dans la partie du département du Mont-Terrible qui était restée jusqu'au mois dernier séparée *de fait* du territoire de la République, auquel elle était réunie *de droit*) une correspondance d'autant plus importante, qu'elle présente un double intérêt, en ce qu'elle dévoile la conspiration permanente de cet émigré, et jette un nouveau jour sur la conduite de *Barthelemy* en Suisse.

Connaissons d'abord *Barthès*, et nous jugerons mieux ensuite *Barthelemy*.

Barthès fut, dans l'ancien régime, secrétaire de légation française en Suisse; il fut secrétaire intime du comte *d'Artois*, et il s'est montré le digne serviteur d'un tel maître : c'est lui-même qui nous instruira de ses généreux et constans efforts pour la noble cause de la royauté. Lisons ce qu'il écrit à *d'Artois* le 24 décembre 1793.

« Ma conviction étant profonde que le plus grand
» caractère de justice anima toujours monseigneur,
» j'ai pu me flatter que ce bon prince aura dit à
» *Monsieur* les efforts divers que, dans la médiocrité de
» ma fortune, je fis dans l'objet de faire chérir la cause
» auguste de la maison de France, *lors de ma course,*
» *par lui ordonnée, dans un grand nombre de provinces du*
» *royaume.* Qu'il me soit même pardonné de m'attribuer
» du moins une part à la gloire d'avoir déterminé les
» états du Languedoc et le parlement de Toulouse à

A

» mettre leurs protestations contre le nouveau régime
» français entre les mains de Mgr comte *d'Artois ; plus*
» *particulièrement encore de me croire le premier moteur de ce*
» *vigoureux royalisme que la contrée soi-disant le département*
» *de la Lozère n'a cessé de manifester depuis environ*
» *quatre années.* A dieu ne plaise que je prétende tirer
» vanité de ce petit nombre de succès , que je n'aime à
» rappeler que comme des pierres d'attente que la divine
» providence posait aux moindres de vos grands succès
» à venir. Mais *Monsieur* étant dans le cas d'espérer
» d'entrer bientôt dans ce vaste Languedoc, où j'ai laissé
» beaucoup d'amis fidèles , pourrait-il me laisser seul
» comme un exilé ! Je puis prouver que , de l'aveu
» général , j'ai été inébranlable dans le plus noble amour
» pour mes maîtres , et que j'ai été braver , en sujet
» courageux et fidèle , tous les réverbères du royaume ».

Voilà donc *Barthès* signalé par lui-même ! le voilà qui
se déclare le provocateur des protestations du parlement
de Toulouse et des états du Langúedoc contre le nouveau
régime , le premier moteur de la Vendée de la Lozère,
l'émissaire et l'agent de *Monsieur* dans l'intérieur de la
République.

Cependant , telle est l'ingratitude des cours , que ses
services paraissent un moment oubliés ; mais avec quelle
chaleur il brigue l'honneur de rentrer dans la carrière !

« Monseigneur, écrit-il encore à *d'Artois*, depuis
» que vous me laissâtes à Turin , je n'ai cessé de dé-
» plorer le tort que j'ai eu , à différentes époques , de
» ne pas vous conjurer de me faire lier derrière vos
» voitures. J'eusse disputé avec tous vos sous-ordres ,
» sinon de talens , du moins de noble fidélité. Je suc-
» comberais sans retard , si je ne voyais monseigneur
» trop juste pour qu'il ne me rappelle pas auprès de sa
» personne , par moi si révérée et si chérie , aux premiers
» jours où il dirigera sa marche imposante vers le royaume
» de France. On assure que ces journées sont prêtes
» d'éclorre ; ah ! que monseigneur daigne m'appeler ! »

On ne peut, sans doute, donner plus de preuves de *noble fidélité :* se faire lier derrière les voitures de monseigneur, pour marcher avec lui à la conquête de la République ; il y a dans ce vœu un dévouement et sur-tout une noblesse qu'on ne peut trop admirer. Toutefois les jours si desirés n'arrivent pas ; *Barthès* voit s'éloigner l'espoir de rentrer en triomphateur sous les drapeaux de l'armée royale : mais s'il ne peut combattre avec l'épée, il combattra du moins avec la plume.

Ses écrits nous offrent ici la preuve de sa haine profonde contre la révolution ; citons-en quelques-uns :

Pièce adressée à d'Artois *le jour de S. Charles.*

Jadis prélat très-saint que cejourd'hui fêtons,
Dans Milan allégea très-effroyable peste :
Ains notre Charle à nous, d'un fléau plus funeste
Saura bien délivrer la France et nos Bourbons.
Toutefois sénateurs entachés d'infamie
D'être contagieux accusèrent d'Artois.
Juste ils pensaient : suffit de l'ouir une fois,
Et vouloir le servir n'est plus qu'épidémie (1).

Romance dédiée à la mémoire de **Louis XVII.**

Sur un peuple coupable
Oncques ne régna roi
D'histoire lamentable
Ainsi que l'est de moi.
De mon père en son trône
Aussi pur que les cieux
Brisèrent la couronne
Félons et furieux.

____

(1) Il est écrit au bas : *Monseigneur a été très-content de ces vers.*

Ce ne sont là que les écrits fugitifs dans lesquels il se plaît à épancher son ame ; un ouvrage plus important est bientôt l'objet de tous ses soins. Dénoncer à l'Europe le peuple français comme un peuple d'assassins, exhumer les mânes de la royauté, vouer à la mort les fondateurs de la République ; tel est le sentiment qui l'anime, et la *Tragédie de Louis XVI* est par lui composée, mise au jour et par-tout répandue. Nous nous bornons à citer le titre de cette pièce, parce qu'il suffit pour en dévoiler le but ; mais nous en donnerons la préface, parce qu'elle fait particulièrement connaître l'auteur.

A tous les Souverains de l'Europe , à tous les princes et princesses de l'auguste maison de Bourbon, et à messieurs les émigrés du royaume de France.

« J'ai consacré, pendant ma vie trop prolongée, ce
» que la divine bonté daigna m'accorder de connais-
» sances politiques et militaires, à soutenir la cause de
» ma religion sainte et celle des souverains, soit à la
» cour des rois, soit dans la société de leurs sujets ver-
» tueux. Aujourd'hui qu'un bras guidé par de nombreux
» bourreaux a porté le poignard sur un saint monarque,
» j'en sens la pointe acérée qui frappe mon cœur d'un
» coup mortel, et je mets à vos pieds l'hommage des
» derniers accens de ma douleur ».

De toutes parts alors lui arrivent des félicitations.

« Je vous suis très-reconnaissant, lui écrit l'électeur
» *Clément*, pour l'imprimé que vous avez bien voulu
» m'adresser ; il a de nouveau excité ma sensibilité :
» Dieu veuille que le sang répandu de l'innocent et
» saint monarque soit vengé par la punition exemplaire
» des scélérats régicides ! »

« J'ai lu, lui mande le comte *d'Avaray* , j'ai lu votre
» ouvrage avec le plus grand plaisir. Il n'est pas un vrai

» Français qui n'y trouve à chaque page le langage de
» ses propres sentimens. »

Le grand-maître de l'ordre de Malte, *Rohan*, le marquis *de Bombelle* lui adressent les mêmes remercîmens. « Vos amis de Saint-Gall, lui écrit ce dernier,
» ont été très-exacts à me faire tenir le présent que
» vous destiniez à *Madame*, fille de notre infortuné
» maître ; et si je ne réponds qu'en ce moment à la
» lettre que vous m'avez fait l'honneur de m'écrire,
» c'est que je m'étais toujours flatté de trouver un
» moyen de faire parvenir à notre auguste et touchante
» princesse les intéressantes productions de votre cœur
» et de votre plume. Il viendra un temps plus heureux
» où les loyaux Français pourront pénétrer sans gêne
» auprès de tous les membres et les rejetons de la
» famille royale ; alors vos principes, votre constance,
» votre zèle et vos travaux vous donneront des droits
» à vous montrer, avec autant de confiance que qui
» ce soit, dans la cathégorie des fidèles adhérens du
» trône. ».

Le trône, en effet, n'avait pas de plus zélé défenseur ; on le voit par-tout agir, écrire pour son soutien.

L'ambassadeur anglais *Wickam*, l'archevêque de Paris, sont les intermédiaires par lesquels il correspond avec les princes. « J'ai, lui écrit l'archevêque de Paris, fait mettre
» à la poste votre lettre à Mgr le prince *de Condé*, après
» y avoir mis l'adresse ».

« J'ai reçu, lui mande *Wickam*, avec la lettre que
» vous m'avez fait l'honneur de m'écrire, celle qui y
» était jointe pour *Monsieur*. Je me charge avec plaisir
» de faire parvenir celle-ci à son altesse royale le plus
» promptement possible ».

D'Entraigues devient le confident de ses projets pour la bonne cause, et par suite son protecteur auprès de *d'Artois* et de *Calonne*. « Si on ne vous rend pas, lui
» écrit-il, toute la justice que méritent votre zèle et vos
» travaux, ce n'est pas ma faute, car je rends bien haute-

» ment justice à l'un et à l'autre. J'envoie à M. *de*
» *Las Casas* votre très-intéressante lettre du 13 après en
» avoir pris lecture pour *me conduire dans la partie de mes*
» *travaux qui a trait à ce que vous détaillez si bien.* J'en
» rends compte par un courrier à *Monseigneur* et à M. *de*
» *Calonne.* Je vous écrirai dans peu sur les affaires et
» en détail ».

Cependant *Barthès*, malgré son zèle, et les soins offi-
cieux de *d'Entraigues*, ne peut obtenir l'honneur d'être
appelé auprès des princes. Il reste en Suisse ; mais il y
reste à leur service et à leurs gages.

A leur service : c'est lui qui est chargé de veiller
à ce que la France ne puisse tirer des Cantons aucuns
bestiaux ; et une lettre qu'on lui adresse de Roshenbourg
nous donne ici la preuve de la surveillance qu'il exerce,
puisqu'on y voit qu'il va même jusqu'à inculper les
émigrés. « Il est difficile, lui écrit-on, de se flatter que
» dans 5 ou 6000 personnes, il n'y aura pas quelque
» traître ; c'est une chose sur laquelle il faut prendre
» son parti, et à laquelle il n'y a point de remède :
» mais quant à la trahison (fort commune parmi les
» paysans de ce canton-ci) de faire passer des chevaux
» et du bétail, je ne crois pas qu'il y ait de Français dans
» l'armée qui ose se la permettre ; il courrait trop
» risque d'être découvert ».

A leurs gages : il reçoit en effet un traitement fixe
chaque mois. Ce traitement sans doute n'est pas propor-
tionné à l'étendue de ses services ; « mais, lui écrit une
» des personnes attachées à *d'Artois*, ce serait en vain
» que je proposerais à notre prince de venir à notre
» secours, dans un moment où je sais qu'il n'a aucun
» moyen de le faire. Tout ce que je puis, c'est de
» me réserver les moyens de vous payer avec exactitude
» le modique traitement que monseigneur vous a ac-
» cordé ; c'est pour être en mesure de cela et convenir
» de nos faits avec vous que je vous écris cette fois
» sans attendre la fin du mois ».

Il résulte donc bien évidemment de toutes ces pièces, de tous ces faits, que *Barthès*, dès l'origine de la révolution, s'en est montré le plus implacable ennemi; qu'il a suivi *d'Artois* dans son émigration, qu'il s'est attaché à tous ses pas, qu'il aurait voulu même (1) *se faire lier derrière ses voitures pour disputer avec tous de noble fidélité*, qu'il en a été l'agent salarié en Suisse; qu'il a été aussi celui de *Monsieur dans la course par lui ordonnée dans un grand nombre de provinces du royaume*; qu'il a correspondu avec tous les traîtres; qu'il a entretenu des intelligences avec l'Anglais *Wickam*, et que toutes ses actions, que tous ses écrits portent l'empreinte de sa haine profonde contre la République, et démontrent son état habituel de conspirateur.

C'est là cependant l'homme auquel *Barthelemy* a pris un intérêt si vif qu'il a signé tout ce qui lui était présenté de sa part, qu'il a lui-même fait les envois nécessaires pour obtenir radiation de la liste des émigrés et restitution des biens; et qu'il l'a fait quoique connaissant parfaitement *Barthès* pour ce qu'il était, quoique pleinement convaincu *qu'il ne pouvait y avoir, pour Barthès, sûreté de mettre le pied sur le territoire français*. Les lettres écrites de sa propre main vont ici parler.

1.re Lettre à Barthès. « Je vous suis très-obligé,
» monsieur, d'avoir bien voulu m'envoyer un exemplaire
» de votre mémoire; je desire de tout mon cœur qu'il
» vous procure la satisfaction que vous réclamez : je
» suis persuadé que vous l'auriez déjà obtenue *si vous*
» *n'y aviez pas vous-même fait naître des obstacles* ».

2.e Lettre. « Ce sera, monsieur, avec grand plaisir
» que je légaliserai les actes que M. *de Rinck* m'adressera.
» J'ai écrit bien des fois au Ministre en faveur de
» M. *Barthès*; je n'ai pas manqué de faire valoir l'in-
» térêt qu'y prend M. le prince de *Saint-Gall* ».

---

(1) Les lignes ici imprimées en caractères italiques, sont extraites mot à mot des lettres de *Barthès* que nous avons citées.

3.ᵉ Lettre à Barthès. « *Vous vous êtes, monsieur, pendant*
» *si long-temps mis en évidence , que vous m'avez ôté tout*
» *moyen de faire d'ultérieures démarches pour vous , parce*
» *que les premières ont été contrariées par nombre de rapports*
» *défavorables :* je n'ai cessé d'avertir M. le grand maître
» *Muller ,* des obstacles *que vous apportiez vous-même à ma*
» *bonne volonté.* J'entre de tout mon cœur dans vos
» pénibles embarras; je voudrais de même pouvoir les
» soulager : mais *c'est vous seul qui avez élevé des difficultés*
» *devant moi* ».

Que signifient donc ces aveux : *Je suis persuadé que vous*
auriez déjà obtenu satisfaction si vous n'y aviez pas vous-même
fait naître des obstacles . . . vous vous êtes tellement mis
en évidence. . . c'est vous seul qui avez élevé des difficultés
devant moi ! Que signifient-ils, sinon que *Barthelemy* savait
parfaitement quels étaient les sentimens de *Barthès ;* qu'il
n'ignorait ni quelle avait été sa conduite, ni quels étaient
les écrits par lui publiés; qu'il ne pouvait enfin se dissi-
muler que *Barthès s'était tellement mis en évidence* qu'il
était généralement connu pour un des plus ardens fauteurs
de la contre-révolution !

Rien ne peut toutefois arrêter son zèle. Il apprend
que *Barthès* n'est pas encore bien sûr que son nom soit
inscrit sur la liste des émigrés ; alors il trace lui-même
la marche qu'il faut suivre, et il se charge du soin des
envois des recommandations.

« Vous verrez, écrit-il à un ami de *Barthès ,* vous
» verrez par les premières lignes de la lettre de
» M. *Barthès ,* que ce n'est que par conjecture qu'il
» se croit encore sur la liste des émigrés. Comment ne
» sent-il pas *qu'il y aurait , de notre part à tous , une grande*
» *indiscrétion* d'aller mander au Directoire : M. *Barthès* se
» croit sur la liste des émigrés ; il n'en est pas sûr : cepen-
» dant informez-vous-en ; et s'il s'y trouve porté , faites-le
» rayer de cette liste. Il faut nous épargner le ridicule
» de cette démarche. M. *Barthès* doit parvenir facilement
» à savoir avec exactitude s'il est ou non porté sur cette

» liste, tant à Narbonne qu'à Versailles : *s'il s'y trouve*
» *porté, alors j'agirai très-volontiers*, et ferai usage des
» pièces qu'il m'envoie ; ou plutôt, monsieur, *établissons*
» *mieux sa marche.* Je vous renvoie son certificat ; que
» par ses parens et amis il en fasse présenter un semblable
» au département de l'Aude et au département de la
» Seine-inférieure, et qu'en réponse on lui mande s'il
» est sur la liste des émigrés : s'il s'y trouve porté,
» j'agirai auprès du Gouvernement ».

Barthelemy agit en effet, non pas encore auprès du
Gouvernement, parce qu'il ne croit pas cela *prudent*, et
ce mot indique assez ce qu'il pense lui-même des récla-
mations de *Barthès* ; mais auprès du département de
l'Aude. Lisons la lettre par laquelle il l'annonce :

« Les circonstances sont telles *que je n'ai pas cru prudent*
» *d'envoyer à Paris* les papiers de M. *Barthès ;* je les ai
» adressés aux administrateurs du département de l'Aude,
» à Narbonne, *en leur recommandant beaucoup cette affaire.*
» Ils ont le pouvoir de rayer provisoirement M. *Barthès*
» de la liste des émigrès ; le Gouvernement ferait ensuite
» le reste : mais au moins ce provisoire serait toujours
» un grand pas de fait. M. *Barthès* voulait venir ici, sa
» présence n'y aurait rien fait : cependant, peut-être
» l'aurait-elle convaincu que les personnes qui travaillent
» avec moi ne pensent pas du tout *qu'après s'être manifesté*
» *comme il l'a fait, il puisse mettre le pied en sûreté sur le*
» *territoire français ».*

Ces expressions sont-elles assez claires ! *après s'être*
manifesté comme il l'a fait, Barthès *ne peut mettre en sûreté*
le pied sur le territoire français ; et cependant, *Barthelemy*
ne cesse de solliciter sa rentrée. « J'ai écrit bien des fois,
» mande-t-il à une personne de Baden, en faveur de
» M. *Barthès ;* je n'ai pas manqué de faire valoir l'in-
» térêt qu'y prend M. le prince *de Saint-Gall.*
» J'ai de nouveau écrit en faveur de M. *Barthès,*
» annonce-t-il un autre jour. *Je bataille pour bien des*
» *Suisses ;* mais rien n'est plus difficile, dans les cir-

» constances actuelles, que de parvenir à son but ».

On y parvient cependant, à ce but. *Barthès* avait été secrétaire de légation française en Suisse ; *Barthelemy* le fait considérer comme Suisse, le fait rayer, en cette fausse quali é, de la liste des émigrés ; et *Barthès* alors, fort de l'appui qui lui a procuré sa radiation, *Barthès* le conspirateur ose reparaître en France ; il revient sur cette terre où, *de l'aveu précédemment fait par Barthelemy, il ne pouvait mettre en sûreté le pied, après s'être manifesté comme il l'avait fait ;* et il n'y revient que pour continuer ses trames, que pour fomenter la contre-révolution, comme il se vante de l'avoir fait *dans la course qui lui a été ordonnée par Monsieur dans un grand nombre de provinces du royaume.*

Ce qui résulte donc évidemment de tous les faits que nous avons rapportés, de toutes les pièces que nous avons citées, c'est que *Barthelemy* était, en Suisse, le protecteur des émigrés, de tous les ennemis de la France ; et si nous nous rappelons maintenant ces mots de la dernière lettre que nous avons citée de lui, *je bataille pour bien des Suisses ;* si nous lisons ce qu'il écrivait le 10 juin 1796 à *Barthès*, « Je vous rends graces, monsieur, » de m'avoir instruit de la nomination d'un nouveau » prince (de Porentruy) ; je serai charmé qu'il hérite » des sentimens de son prédécesseur » : si nous nous souvenons que c'est dans le temps même où il était chargé de faire connaître les droits de la République française sur les dépendances du Mont-Terrible et pays de Porentruy, qu'il se félicite de la nomination du nouveau prince ; si nous nous souvenons que ces droits, qu'il avait pour mission spéciale de réclamer, ont toujours été par lui mis en oubli, que devrons-nous ajouter à la conclusion que nous avons déja tirée, si ce n'est qu'il a constamment été plutôt ambassadeur suisse, qu'ambassadeur en Suisse !

À PARIS, DE L'IMPRIMERIE DE LA RÉPUBLIQUE.
Ventôse an 6.